Mein erster Ferien-Mitmachspaß

Text: Kirsteen Robson

Gestaltung:
Kate Rimmer, Carly Davies und Jenny Addison

Illustrationen: Manola Caprini, Jana Curll, Jordan Wray, Ana Bermejo, Fred Blunt, Ilaria Falorsi, Sahar Haghgoo und Paul Boston

Suche und kreise ein:

vier gleiche Schwimmanzüge

einen Laster

zwei Fähnchen

einen Krebs

und einen Ball.

Kannst du vier Unterschiede zwischen den Bildern entdecken?

Welches Bild sieht Lina durch das Fernrohr? Kreise es ein.

3

A

B

C

Leite Finn die Abfahrt mit den meisten Flaggen hinunter.

Verziere die weißen Fallschirme mit Mustern.

Kannst du vier Unterschiede zwischen den Bildern entdecken?

Hilf Anton, über die Steine ans andere Flussufer zu gelangen.

Fahre mit dem Stift die Flugbahn nach, ohne die Ränder zu berühren.

Welche fünf Dinge gehören nicht an den Himmel? Kreise sie ein.

Suche und kreise ein:

einen Teddybären

vier Zeitungen

einen Luftballon

eine Sonne

und fünf Vögel.

Male die andere Seite der Rakete aus.

Fahre mit dem Traktor zurück zum Stall.

Verbinde die Punkte von 1 bis 12.

Verbinde die Segel,
die gleich aussehen.

Suche diese Dinge im Bild und kreise sie ein:

15

Suche alle Buchstaben des folgenden Wortes und kreise sie ein: **Fisch**

Welches Fahrrad sieht so aus wie auf dem Poster?

Suche alle Dinge, die auf Ingas Liste stehen, und kreise sie ein.

Kannst du vier Unterschiede zwischen den Bildern entdecken?

Siehst du mehr Krebse oder mehr Seesterne im Bild?

Antwort: ....

Welchen Gegenstand gibt es dreimal?
Kreise ihn ein.

Leite Aaron über das Eis zu seinem Zelt.

Kreise Coras Passfoto ein.

Sie trägt ein gestreiftes T-Shirt ...

... hat dunkle Haare ...

... eine rosafarbene Haarspange ...

... und trägt eine Brille.

Kannst du vier Unterschiede zwischen den Bildern entdecken?

Zeige dem Flugzeug den schnellsten Weg nach Sonnenstadt.

Welches Piratenschiff hat keinen Zwilling?
Kreise es ein.

Gibt es genügend Muscheln, damit du vier in jeden Eimer legen kannst?

Antwort: ....

Bringe die Bilder in die richtige Reihenfolge und nummeriere sie von 1 bis 4.

Folge den Kondensstreifen, um herauszufinden, welche Rakete gerade gestartet ist.

Male Koffer auf die Wagen, bis jeder vier transportiert.

Verbinde erst
die roten und dann die lilafarbenen Punkte.

Schwimmen mehr pinkfarbene oder mehr blaue Quallen im Wasser?

Antwort:.................

Welches Quadrat passt in das Bild?
Kreise es ein.

Verbinde die Tänzerinnen, die gleich aussehen.

Suche und kreise ein:

ein U-Boot

einen Piraten

eine Flaschenpost

einen Wal

und einen Hund.

Kreise das Foto ein, das Paulas Mutter gerade gemacht hat.

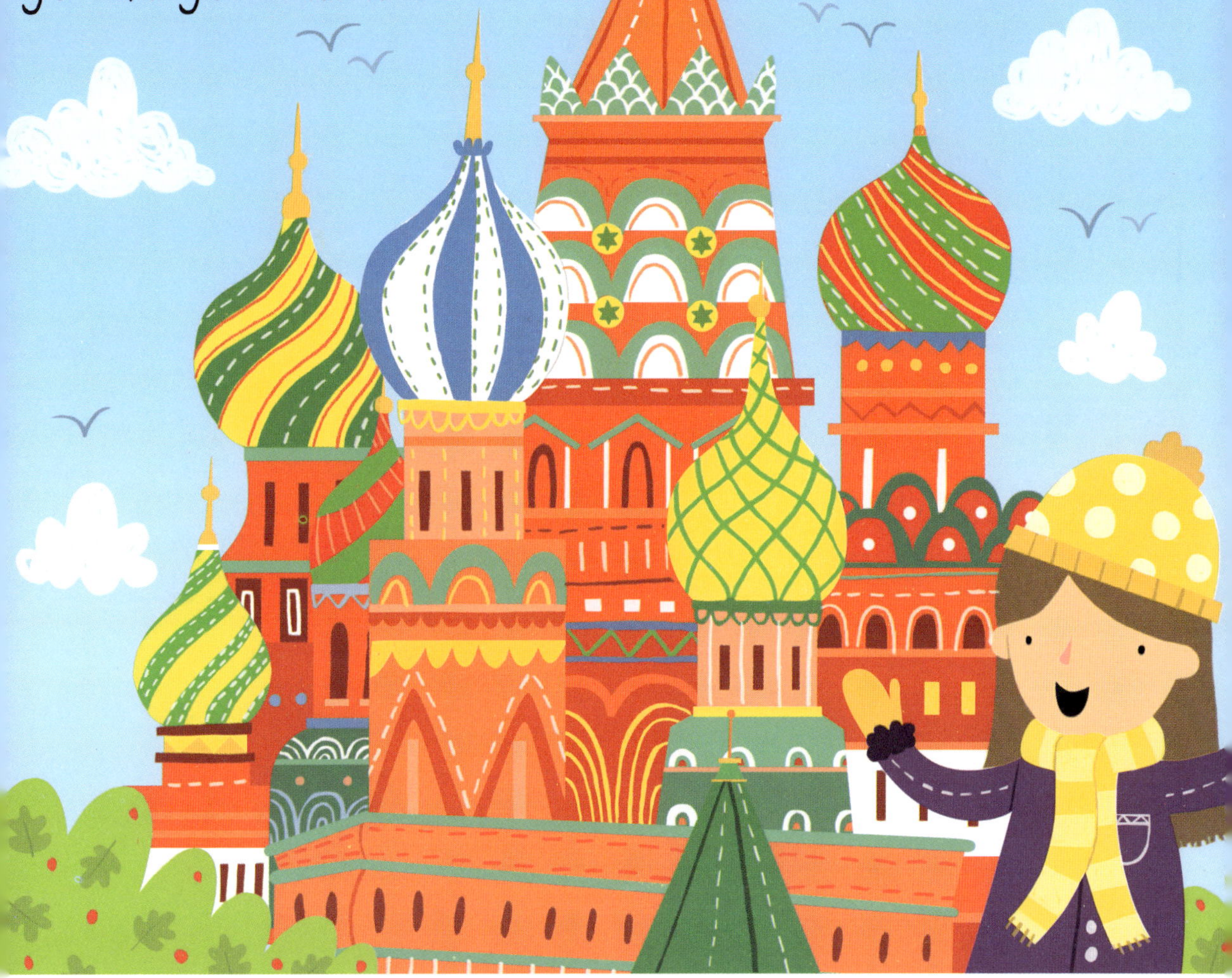

A

B

C

Fahre mit dem Stift über die Rennstrecke, ohne ihre Ränder zu berühren.

Suche alle Buchstaben des folgenden Wortes und kreise sie ein:

Auto

Verbinde die Punkte jeder Farbe der Reihe nach.

Kreise das Modell-
flugzeug ein, das aus
diesen Teilen gebaut
werden kann.

Suche und kreise ein:

drei Golfbälle

eine Leiter

eine Sternschnuppe

einen Außerirdischen

und eine rote Kamera.

Findest du die versteckten Wörter?
Sie können waage- oder senkrecht stehen.

A	F	I	S	C	H	M
G	W	H	F	D	Q	U
K	R	E	B	S	U	S
B	S	N	B	V	A	C
D	T	H	H	N	L	H
K	O	R	A	L	L	E
H	I	O	I	E	E	L

Krebs ✓ Hai
Fisch Muschel
Koralle Qualle

Suche Alinas Zelt und kreise es ein.

Welches Quadrat passt in das Bild?
Kreise es ein.

Kannst du fünf Unterschiede zwischen den Bildern entdecken?

Rutsche die Rutschbahn hinab, auf der die wenigsten Kinder sind.

Suche diese Dinge im Meer und kreise sie ein:

Hilf Aladin, auf dem Dach des Palastes zu landen.

Folge der Straße mit dem Stift, ohne ihre Ränder zu berühren.

Suche und kreise ein:

ein verlorenes Ticket

ein Spielzeugauto

eine gestreifte Tasche

und jemanden, der schläft.

Finde diese beiden Ausschnitte unten im Bild und kreise sie ein.

1.

2.

52

Jedes Taxi nimmt eine Person mit.
Wie viele Personen müssen danach noch warten?

Antwort: ....

Welcher Heißluftballon ist gerade losgeflogen?

Welcher dieser Tukane hat keinen Zwilling?

Verbinde die Punkte jeder Farbe der Reihe nach.

Wie kommt Familie Piep nach Hause?

Paddle den Fluss hinab, ohne die Ränder zu berühren.

Kreise das Foto ein, das Leon gerade aufgenommen hat.

A

B

C

Suche und kreise ein:

sechs lilafarbene Blumen

drei Kaninchen

vier Enten

und fünf Schmetterlinge.

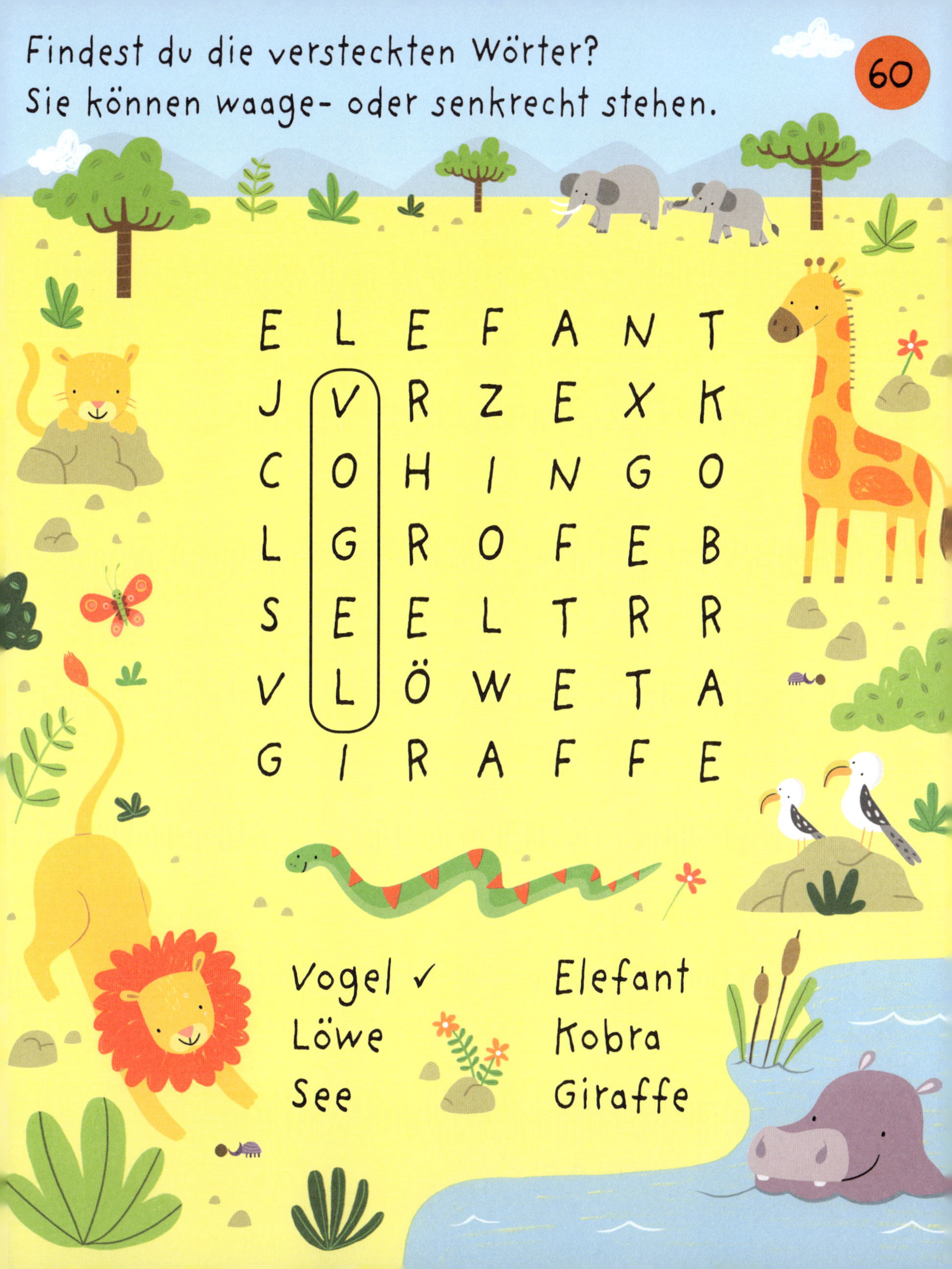

Findest du die versteckten Wörter?
Sie können waage- oder senkrecht stehen.

E L E F A N T
J V R Z E X K
C O H I N G O
L G R O F E B
S E E L T R R
V L Ö W E T A
G I R A F F E

Vogel ✓
Löwe
See

Elefant
Kobra
Giraffe

Zeichne noch mehr Fische ins Wasser und Muscheln in den Sand.

Kannst du fünf Unterschiede zwischen den Bildern entdecken?

Kreise Tims Gepäckstück ein.

Es hat einen Anhänger ...

... ist kein Koffer ...

... und ist blau.

Führe Bea und Ben zurück zu ihren Zelten.

Suche diese Dinge im Bild und kreise sie ein.

Gibt es mehr blaue oder mehr grüne Frösche?

Antwort:.................

Welches Quadrat passt in das Bild?
Kreise es ein.

Welcher Bergsteiger ist als Erster auf dem Gipfel?

Kannst du vier Unterschiede entdecken?

Kreise das Auto ein, das zu diesem Schatten passt.

Kreise die Briefmarke ein,
die es nicht doppelt gibt.

Kreise den Vogel ein, der andersherum fliegt.

Suche und kreise ein:

fünf scharfe Zähne

einen goldenen Stern

eine rote Schleife

und zwei blaue Schmetterlinge.

Male alle Teile mit blauem Punkt aus.
Welches Bild entsteht?

Findest du die versteckten Wörter?
Sie können waage- oder senkrecht stehen.

S	G	F	H	T	N	T
R	A	K	E	T	E	M
Z	L	R	C	D	Z	O
P	L	A	N	E	T	N
M	S	T	E	R	N	D
T	E	E	H	F	U	T
S	B	R	F	Z	R	W

Mond ✓
Stern
All
Krater
Planet
Rakete

Male die andere Hälfte des Ballons bunt aus.

Kannst du vier Unterschiede zwischen den Bildern entdecken?

Leite das U-Boot durch das Seegras zum Schatz.

Verbinde erst die blauen und dann die roten Punkte.

Lenke den Bus durch die Straße mit den meisten Leuten.

Welches Kreuz markiert den Schatz?
Kreise es ein.

Kreise die Person ein, die das Radrennen gewinnen wird.

Er oder sie fährt ein rotes Fahrrad ...

... trägt eine Sonnenbrille ...

... und einen blauen Helm.

Male jeder Giraffe drei weitere Flecken auf ihr Fell.

Welches Quadrat passt in das Bild?
Kreise es ein.

Kreise das Schaf ein, das als einziges in die andere Richtung rennt.

Finde diese beiden Ausschnitte unten im Bild und kreise sie ein.

1.

2.

Suche und kreise ein:

zwei grüne Flaggen

eine Schnee-
flocke

ein lilafarbenes Haus

drei rote
Helme

und einen Schneemann.

Leite den Zug zum Bahnhof. Er kann nicht durch Schneewehen fahren.

Male alle Felder mit einem orangefarbenen Punkt aus. Was siehst du?

Haben alle Astronauten einen Helm und zwei Stiefel?

Antwort: ....

Bringe die Bilder in die richtige Reihenfolge und nummeriere sie von 1 bis 4.

Suche die folgenden Dinge im Bild und kreise sie ein:

Kannst du fünf Unterschiede zwischen den Bildern entdecken?

Findest du die versteckten Wörter?
Sie können waage- oder senkrecht stehen.

D	F	L	A	G	G	E	L
S	L	F	G	B	H	Z	B
T	I	C	K	E	T	F	U
R	E	D	A	L	Z	O	S
B	G	O	R	A	U	T	O
Z	E	S	T	C	G	O	A
T	R	H	E	H	T	R	W
E	A	S	C	H	I	F	F

Bus ✓	Flagge	Flieger
Auto	Schiff	Foto
Karte	Zug	Ticket

Lösungen

1

2

3 Antwort: A

4

6

7

9

10

12

13

Lösungen

14

15

16

17

18

19

20 Antwort: Seesterne

21

22

23

Lösungen

24

25

26

27 Antwort: Ja

28

29

30

31

32 Antwort: Blaue Quallen

33

34

Lösungen

35

36 Antwort: C

38

39

40

41

42

43

44

45

Lösungen

46

47

48

50

51

52 Antwort: Eine Person

53

54

55

56

Lösungen

(58) Antwort: B

(59)

(60)

E	L	E	F	A	N	T
J	V	R	Z	E	X	K
C	O	H	I	N	G	O
L	G	R	O	F	E	B
S	E	E	L	T	R	R
V	L	Ö	W	E	T	A
G	I	R	A	F	F	E

(62)

(63)

(64)

(65)

(66) Antwort: Grüne Frösche

(67)

(68)

(69)

(70)

Lösungen

71

72

73

74

75

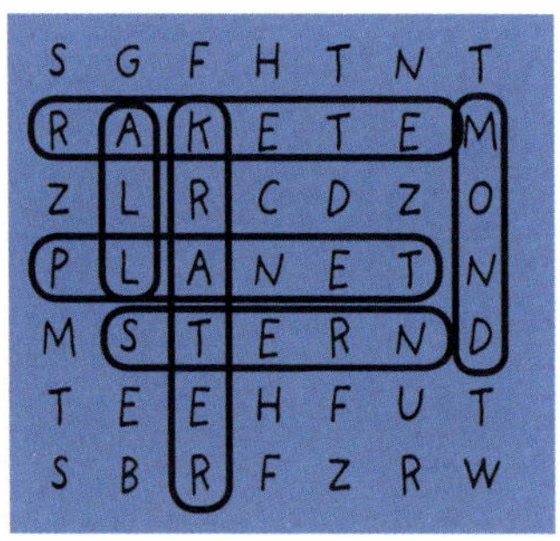

77

78

79

80

81